はじめに

　わたしたちが暮らす日本は、豊かな自然に恵まれていますが、同時に、自然災害がとても多い国です。そして災害は、子どもだからといって手加減してくれるわけでもなく、だれにでも同じ力でおそってきます。さらに、いつ、どこで、どんな規模で起こるか、正確にはわかりません。

　大きな災害が起こるたびに、「想定外だった」という言葉をいつも耳にします。では想定外にしないようにするにはどうしたらいいのだろう？　いざというときに自分の身を守るために必要なものってなんだろう？　という思いから、「キミも防災サバイバー！」という番組は誕生しました。

　「防災サバイバー」とは、自分で自分の命を守れる力を身につけた人のことです。番組では、地震、津波、洪水、噴火、大雪の５つの災害に関係の深い地域で暮らすみんなの仲間たちが、「サバイバー候補生」として登場します。そして、彼らの目線を通して災害への備え方や自然との付き合い方を学んでいきます。

　この本では、番組の候補生たちに代わって、放送では無口なサバイバー１号と２号が、改めて５つの災害からの身の守り方を探っていきます。
　彼らのリサーチで新たに発見した気づきや疑問などを取り上げ、本ならではの情報も盛りこんでいます。そのほか、「命のルート図」という被災時から避難場所までをシミュレーションできるページもあるので、自分が被災したときにどんな判断・行動をしたらよいのか、イメージしてみてください。

　災害から身を守るには、災害を「自分のこと」としてリアルにとらえることがとても大切です。「被災したときに１人だったら？」「旅行先だったら？」など、いろいろな状況を想像して、自分の身をどう守るか、考えてみてください。

　番組や本で吸収したことが、みんなの防災力アップにつながり、「自分も防災サバイバーになりたい！」と感じてくれたら、この上ない喜びです。

NHK「キミも防災サバイバー！」制作班
ディレクター　結川真悟

# 目次

この本の使い方 ……… 4
登場人物紹介 ……… 5

ミッション1 地震からサバイブせよ！ …… 6

- 日本に地震が多い理由 ……… 7
- 地域に学ぶ"地震"サバイブ術 ……… 8
- 地震のあとは土砂災害に注意せよ！ ……… 12

〈命のルート図〉でシミュレーション！

- 大地震の危機、キミならどうする？ ……… 14
- **備えてサバイブ！** 災害用伝言ダイヤルの使い方 ……… 16
- 教えて！先輩サバイバー～関東大震災のケース ……… 17

首都直下地震（前編）

首都直下地震（後編）

ミッション2 津波からサバイブせよ！ …… 18

- 津波が発生するしくみ ……… 19
- 地域に学ぶ"津波"サバイブ術 ……… 20

〈命のルート図〉でシミュレーション！

- 津波の危機、キミならどうする？ ……… 24
- **備えてサバイブ！** 津波の速さと正常性バイアス ……… 26
- 教えて！先輩サバイバー～昭和南海地震のケース ……… 27

津波の危機！（前編）

津波の危機！（後編）

ミッション3 洪水からサバイブせよ！ …… 28

- なぜ日本は洪水が多いのか ……… 29
- 地域に学ぶ"洪水"サバイブ術 ……… 30
- 洪水のときはハザードマップを活用せよ！ ……… 34

〈命のルート図〉でシミュレーション！

- 洪水の危機、キミならどうする？ ……… 36
- **備えてサバイブ！** 身近なものを避難道具に ……… 38
- 教えて！先輩サバイバー～アメリカ・豪雨のケース ……… 39

洪水の危機！キミならどうする？

ミッション4 噴火からサバイブせよ！ ...40

- 噴火が起きるしくみ ...41
- 地域に学ぶ"噴火"サバイブ術 ...42
- 〈命のルート図〉でシミュレーション！
- 噴火の危機、キミならどうする？ ...46
- 備えてサバイブ！ 日本の活火山の分布 ...48
- 教えて！先輩サバイバー
  〜インドネシア・スマトラ島沖地震のケース ...49

噴火の危機！キミならどうする？（前編）

噴火の危機！キミならどうする？（後編）

ミッション5 大雪からサバイブせよ！ ...50

- 豪雪地帯と雪による被害者 ...51
- 地域に学ぶ"大雪"サバイブ術 ...52
- 〈命のルート図〉でシミュレーション！
- 大雪の危機、キミならどうする？ ...56
- 備えてサバイブ！ 大雪で車に閉じこめられたら ...58
- 教えて！先輩サバイバー
  〜アメリカ・ハリケーンのケース ...59

大雪の危機！（前編）

大雪の危機！（後編）

もっと！防災サバイバー ...60

- ケース1 首都直下地震を想定してみよう ...61
- ケース2 南海トラフ巨大地震を想定してみよう ...62
- ケース3 富士山大噴火を想定してみよう ...63

QRコードについて

タブレットやスマートフォン端末で本書に掲載のQRコードを読み取ると、NHK for Schoolの動画をご覧いただけます。
本書のQRコード一覧のURLはこちら→
https://nhktext.jp/fe5-mokuji

※QRコードからNHK for Schoolの動画にとぶサービスは、NHK出版が独自に提供するものです。
※動画視聴の際は、通信量が増えます。ご契約のデータ通信量を超えると、通信速度が遅くなることがあります。
※映像提供者の都合により、予告なく映像提供が終了する場合があります。あらかじめご了承ください。
※QRコードは株式会社デンソーウェーブの登録商標です。

この本の使い方

この本は、自然災害に直面した場合、自分の身をどう守っていくのかを考えたり、探ったりする道すじを、3つのパートで示しています。
実際に自分が災害にあったときをイメージしながら、読み進めてみてください。

1 災害の基本を知ろう

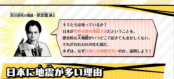

- 近年起こった大きな災害を確認
- QRコードから関連動画が視聴できる
- 押さえておきたい知識や情報を「知ってサバイブ！」でチェック！

2 地域の災害サバイブ術を探ろう

- 災害からのサバイブ術を地域ごとに学ぶ
- 災害の備えとなるヒントが満載

3 命のルート図でシミュレーションしてみよう

- 被災時に1人きりの場合、どう避難するかを想定
- 避難するときの自分の判断・行動をピックアップ
- 避難行動時の注意点をピックアップ

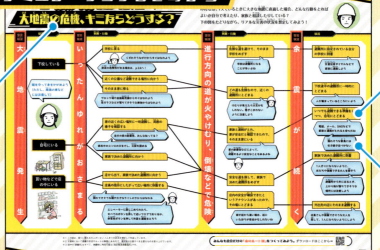

登場人物紹介

宗定凱博士

防災研究の権威。さまざまな自然災害について、防災研究を行っている。日本中に防災サバイバーを増やすべく、全国をめぐる。

防災サバイバー

自分の身を守る力を身につけた、防災サバイバー。サバイバー候補生たちとともに、防災についてさらに勉強中。

1号　　2号

大人の方へ～「命のルート図」につきまして～

本書には、取り上げる災害ごとに、被災してから安全を確保できる場所までの道筋を示した「命のルート図」を掲載しています。被災時の設定は、子どもが1人きりになる状況を想定し、放課後や休日の日中をイメージしています。被災から避難までのルートは、地域や季節、天候、時間帯などさまざまな状況に左右され無数に想定されます。そこで本書では、子どもたちが想像しやすいように、状況をいくつかにしぼり、移動時の注意点も併記しています。住んでいる地域や状況に沿ったルート図を作成したい場合は、ワークシートをダウンロードして、ぜひオリジナルのルート図を作成してみてください。

防災研究の権威・宗定凱博士

キミたちは知っているか？
日本が世界有数の地震大国だということを。
歴史的な大地震がいつどこで起きてもおかしくない、
それがわれわれの住む国だ。
まずは、なぜ日本には地震が多いのか、説明しよう！

日本に地震が多い理由

地球の表面は、動き続けるいくつものプレート(岩盤)におおわれています。日本列島は大きなプレートが重なる位置にあり、沈みこみ続けるプレートによって「ひずみ」が生じています。そのひずみが限界に達してプレートが跳ね上がることが、地震のおもな原因です。

NHK for School
日本に地震が多いわけ

▲日本列島がのっている大陸プレートの下に海洋プレートが沈みこむことで、列島の下に圧力がかかり続けている

大地震ってこんなに起こっているの!!

いつどこで起きてもおかしくないってことか……

▶ 近年の日本の大地震

年月日	地震名	最大震度	マグニチュード
1993年7月12日	北海道南西沖地震	6※	7.8
1995年1月17日	阪神・淡路大震災	7	7.3
2004年10月23日	新潟県中越地震	7	6.8
2007年7月16日	新潟県中越沖地震	6強	6.8
2008年6月14日	岩手・宮城内陸地震	6強	7.2
2011年3月11日	東日本大震災	7	9.0
2016年4月16日	熊本地震	7	7.3
2018年9月6日	北海道胆振東部地震	7	6.7
2024年1月1日	能登半島地震	7	7.6

出典：気象庁「日本付近で発生した主な被害地震(1996年以降)」/「過去の地震災害(1995年以前)」
※被災地となった奥尻島には地震計が設置されていなかったため推定値となる

知ってマ！サバイブ！

震度とマグニチュードのちがいって？

震度とは、ある地点の「ゆれの大きさ」であり、場所によって変わるもの。いっぽう、マグニチュードは地震そのものの「規模の大きさ」。マグニチュードが大きいほど、また震源に近いほど、震度は大きくなる。

地域に学ぶ"地震"サバイブ術

いつか必ず来る大地震からサバイブする方法。
それは自分の地域をよく知ることだ！
日ごろから地域のリスクや対策を学んでいなければ、いざというときに命を守れないぞ。
今回は、地震のリスクが高いといわれる東京都墨田区を調査しよう！

今回調査するのは……東京都墨田区

東京都が30年以内に大地震にみまわれる確率は70％といわれます。とくにリスクが高いとされる地域の一つが墨田区。東京スカイツリーのお膝元でありながら、昔ながらの民家や商店がひしめく、下町情緒あふれる地域ですが……。

▶ **東京都・地震危険度マップ〔部分〕**

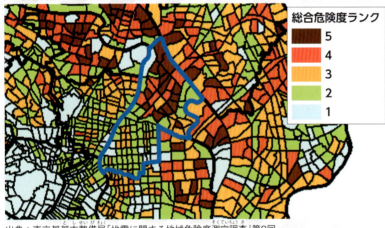

総合危険度ランク
- 5
- 4
- 3
- 2
- 1

◀東京都が5,192の市街化区域の地震危険度を調査し、5段階で示した地図の一部。色が濃い区域ほど危険度が高い

出典：東京都都市整備局「地震に関する地域危険度測定調査」第9回

地震危険度マップを見ると、墨田区の北半分は危険度4〜5の区域がほとんど。そして東京都の首都直下地震危険度ランキング（2022年）によれば、ワースト10に墨田区から3区域もランクイン。墨田区は都内でも指折りのハイリスクな地域なのです。

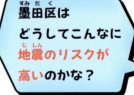
墨田区はどうしてこんなに**地震のリスクが高い**のかな？

さっそく調査に行こう！

地震のリスクを歩いて探そう

自分の住む地域のどこに地震のリスクがあるのか。それは**実際に歩いてみなければわからない**。地域の小学校に通うサバイバー候補生たちと一緒に、危険度ランキング5位の区域を歩いてみよう。

▶墨田区には、古い木造建築が密集する地域が多い。上から見ると、赤で示した道が細く曲がりくねっていて、行き止まりも多いことがわかる

せまい道だ！
建物がくずれてくる
危険がある！

自転車で
道がふさがれているから、
すぐに逃げられない！

この道は**行き止まり**。
もし迷いこんだら
逃げおくれてしまうかも……

こんなにせまい道じゃ
救急車両が入れないぞ。
地震のあとの火事も心配だな。
だからこの地域は危険度が
高くなっているのか！

過去の震災から学ぼう

地域の地震災害の歴史を学ぶことも、防災サバイバーの重要な任務である。墨田区の「東京都慰霊堂」は、関東大震災の歴史を今に伝える施設だ。大正時代、地域一帯をおそった大震災を振り返ってみよう。

NHK for School
関東大震災

▲東京都慰霊堂(旧・震災記念堂)は、関東大震災の身元不明者の遺骨を納め、その霊をまつる施設として1930年に建てられた。その後、太平洋戦争の東京大空襲で亡くなった身元不明者の遺骨も納められ、今の施設となった。

写真提供：NNP

1923年9月1日、関東一円をおそったマグニチュード7.9の大地震により、死者・行方不明者は10万人以上、被災者は340万人以上にのぼりました。昼どきだったため、多くの火災が発生。なかでも墨田区の陸軍軍服工場跡地(現在は東京都慰霊堂が建つ)には「火災旋風」が巻き起こり、避難していた約3万8,000人が命を落としました(写真は焼け野原となった墨田区方面)。

写真提供：産経新聞社

1995年1月17日、近畿地方をおそったマグニチュード7.3の大地震。死者・行方不明者は6,437人、負傷者は4万3,792人にのぼりました(2006年5月19日消防庁確定)。古い木造家屋の密集地域では大きな火災が発生。被害者が増える原因となりました(写真は延焼が広がる神戸市長田区のようす)。

知っマ！サバイブ！

「火災旋風」ってどんなもの？

火災旋風は、炎や熱風が渦を巻きながら立ち上る現象。大規模な市街地火災や林野火災で発生し、建物や樹木などを巻き上げながら竜巻のように移動する。関東大震災のときは、100個以上の火災旋風が発生し、火災を拡大させた。

関東大震災から約70年後に起こった阪神淡路大震災。地震と火災は切っても切れない関係なんだね

地域の地震対策を調べよう

地震の多い日本では、各地域でそれぞれの事情に合わせた地震対策が行われている。木造家屋が密集している墨田区では、たくさんの広場を設けているそうだ。その理由を調査しに行ってみよう。

▶区内に約100か所ある公園や広場。建物と建物の間をあけることで、災がとなりの家に燃え移ることを防ぐ

◀広場や学校などに設置されている防災資機材倉庫。食料や毛布、トイレットペーパーなどが備蓄されている

◀雨水をためるタンク。非常時の防火用水やトイレなどに使用する

住宅密集地では、家を建て替えるときに土地の一部を道路にすることも行われている。消防車などの救急車両が通れるように、だんだん道幅を広げているんだ！

本当だ もう少しで道幅が広がりそう！

地域の安全のために住民たちが協力しているんだね！

知ってサバイブ！

最新の防災情報を調べるには？

自分の地域の防災情報を正しく知りたい。そんなときは、市区町村のホームページにアクセスするのがいちばんだ。緊急時の災害状況や避難場所、防災マップ、またふだんの防災対策などが掲載されている。

地震のあとは 土砂災害に注意せよ！

地震の恐ろしさと日ごろの対策の大切さがわかったかな？
しかし、真の防災サバイバーをめざすからには、そこで終わってはいけない。
地震のあとは、土砂災害がおそってくるかもしれないのだ！

能登半島地震で起きた土砂災害

大きなゆれにみまわれた地域は地盤がゆるみ、土砂災害のリスクが高くなります。地震のあと、雨が降ったときはとくに要注意。東日本大震災のあと、新たに斜面がくずれたり亀裂が入ったりした場所は1,000か所以上ありました。地域の最新情報をチェックして、早めに避難することがかんじんです。

NHK for School
被災地は土砂災害に注意

▲2024年1月1日に発生した能登半島地震では、過去最大級となる439件の土砂災害が発生。写真は輪島市市ノ瀬町の土砂災害（写真提供：産経新聞社）

北海道胆振東部地震で起きた土砂災害

「土砂災害の原因って大雨だけじゃないんだ」
「いつもは安全な場所でも地震のあとは気をつけなくちゃ！」

▲2018年9月6日に発生した北海道胆振東部地震で最大震度7を観測した厚真町。土砂くずれで多くの住宅が被害にあった（写真提供：産経新聞社）

日本に土砂災害が多いのはなぜ？

日本では、土砂災害が年平均1,000件も起きています。その原因の一つは、国土の3分の2を占める山林の手入れが行き届かないことにあります。林業の担い手が不足して、山林の地盤が弱くなっていることが土砂災害につながっているのです。

▲日本の山林の4割を占める人工林。人手不足で間伐をしなくなると……

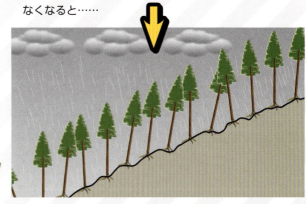

▲木々が細いままで根を深く張らないので、地面の水をたくわえる力が弱くなる。そのため大雨がふると地表の土砂がかんたんに流されてしまう

土砂災害の前兆を知っておこう

土砂災害の前には、特別な現象が起きる場合があります。たとえば、いつもとちがう地響きや山鳴りが聞こえる。斜面の上からパラパラと小石が落ちてくる。斜面に亀裂が走る。これらはすべて、土砂災害の前兆だと考えましょう。

〈命のルート図〉でシミュレーション！

大地震の危機、キミならどうする？

災害状況	状況	災害状況	判断・行動

大地震発生

いったんゆれがおさまる

下校している

頭を守って身をかがめよう
（ただし、周囲の車などには注意して）

- 学校に戻る
  - くずれそうながけからすぐはなれよう
  - 津波の危険性がある場合は、p24へ！
- 近くの公園など避難できる場所に向かう
- そのまま家に帰る
  - ブロック塀や自動販売機からすぐはなれよう
  - 窓ガラスなどが落ちてきそうな建物からはなれよう

自宅にいる

- 家の近くの広い場所に一時避難し、周囲の様子を確認する
  - 自分の家の耐震性、みんな知ってる？
- 使用中のコンロの火をけし、元栓も閉める
- 家族で決めた避難所に向かう

買い物などで店の中にいる

- 店から出て、家族で決めた避難所に向かう
- 店員の指示にしたがって広い場所に移動する
  - 倒れてきそうな棚や大きなライトの下からはなれる
  - エレベーターに閉じこめられたら、すべてのボタンを押して近いフロアでおりるか、非常用ボタンを押して外部と連絡をとろう

※1 この図は、周りに頼れる大人がいない、1人きりの状況を想定して作成しています。
※2 災害時において避難の状況やルートは無数にあるので、選択肢は注意すべき主要なものを取り上げています。
※3 図中の「避難所」はすべて、地震時に利用可能な「指定緊急避難場所」です。

みんなは、1人でいるときに大きな地震に直面した場合、どんな行動をとればよいか自分で考えたり、家族と相談したりしている？
下の図をたどりながら、リアルな災害の状況を想定してみよう！

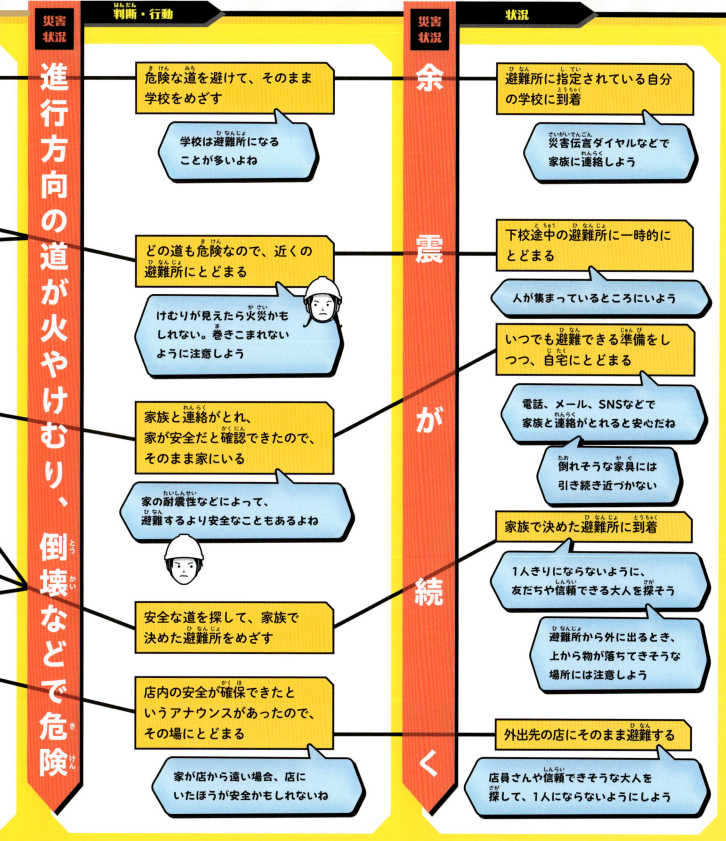

備えてサバイブ！災害用伝言ダイヤルの使い方

みんなは大きな地震が発生したとき、どのように連絡をとるか、家族など大切な人たちと相談していますか。ここでは、避難所などに設置される公衆電話からの「災害用伝言ダイヤル」の使い方を紹介します。

災害用伝言ダイヤルの使い方

避難所の公衆電話は無料ですが、町の中にある公衆電話は、10円か100円の硬貨、もしくは、テレフォンカードが必要です。使用時には注意しましょう。

▶メッセージを吹きこむとき

 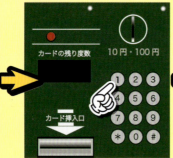  

❶受話器をとって、171を押す　❷「1」を押す　❸連絡をとりたい人の電話番号を押す　❹メッセージを吹きこむ（30秒以内）

※あらかじめ、どの電話番号で連絡をとるか決めておく。家族の携帯電話がおすすめ

※自分の名前、どこにいるか、だれといるか、ケガしていないか、次の連絡時間などを入れるとよい

▶メッセージを聞くとき

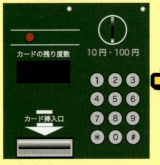 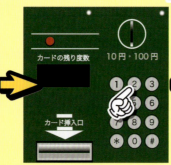 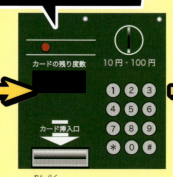 

❶受話器をとって、171を押す　❷「2」を押す　❸連絡をとりたい人の電話番号を押す　❹メッセージを聞く

この期間に体験利用できるから、やってみよう！

- 毎月1日と15日（0:00〜24:00）／1月1日0:00〜1月3日24:00
- 防災週間（8月30日9:00〜9月5日17:00）
- 防災とボランティア週間（1月15日9:00〜1月21日17:00）

NTT東日本、NTT西日本のホームページより（2024年8月現在）

教えて！先輩サバイバー

ここでは、大災害を知識や知恵で乗りこえた、先輩たちの経験や活躍を紹介するよ！ 関東大震災からのサバイバー、墨田区で暮らす**岡本惠子さん**の祖母ろくさんの被災時の判断や行動を追ってみよう。

どんな災害？

1923年9月1日午前11時58分、相模湾北西部を震源とする関東大震災（推定マグニチュード7.9）が発生。都心部や神奈川、千葉の一部地域では震度7に達した地域もあるとされる。発生が昼食時間と重なったことから、大規模な延焼火災も発生し、死者・行方不明者は約10万5,000人（うち焼死が約9割）におよぶなど、甚大な被害をもたらした。

NHK for School
首都圏直下地震（後編）より

岡本さんの祖母ろくさんの判断

①関東大震災発生。逃げる人びと

②あちこちで火災が発生

③火からわが子を守るために、座布団を子どもに被せ、ふりかかってくる炎や火の粉を、大きなやかんに入れた水で消しながら逃げ、生きのびた

先輩からのメッセージ

関東大震災では、家財道具を持てるだけ持って逃げる人が多く、その荷物に火が次々と燃え移ったせいで、火災がより広がったといわれています。祖母は、**わが子と自分の命が助かればそれでいい**と、荷物を持たずに逃げました。**その判断が、命をつないだ**と思っています。

災害は必ず来るので、祖母の話がいつか役に立つと思います

岡本惠子さん

ミッション2
津波からサバイブせよ！

東日本大震災
2011年3月11日14時46分
震源：三陸沖
震度：最大7
マグニチュード：9.0
津波の高さ（最大）：
9.3m以上（福島県相馬市）
死者・行方不明者：
2万2,325名（災害関連死もふくむ。うち約9割が溺死）

出典：消防庁「東日本大震災記録集」
（平成25[2013]年3月）
写真提供：岩手県宮古市

地震より津波の犠牲者のほうが圧倒的に多いのか……

岩手県宮古市

▲防波堤を乗りこえて市街地をおそう「黒い波」

宮城県気仙沼市

これが津波の力か……どうやって逃げればいいんだろう？

◀津波により打ち上げられた漁船

海に囲まれたわが国では、
地震のあと、津波がやってくることが多い。
しかも震源地から離れた地域でも、
何度もおそわれることがあるんだ。
その津波はどんなしくみで生まれるのか、
キミたちは知っているだろうか？

津波が発生するしくみ

通常の波は、風によって海水の表面が行ったり来たりします。いっぽう、津波は海水のかたまりが一気に岸に押し寄せるので、勢いが強くなります。たとえ数十センチの高さでも、思いがけない被害をもたらすことがあるのが津波です。

NHK for School
津波とふつうの波のちがい

▶ 地震発生

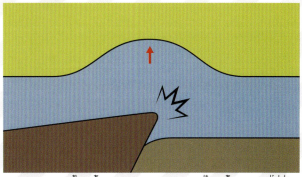

▲海底近くで押し合うプレートの片方が跳ね上がると地震が起きる。その勢いで海面が盛り上がる

▶ 津波

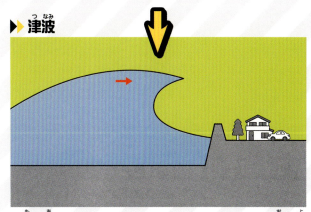

▲盛り上がった大量の海水がかたまりとなって海岸に押し寄せ、津波となる

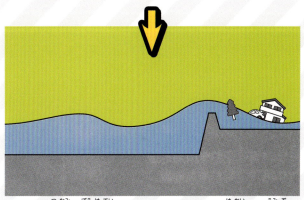

▲大きな津波は防波堤を乗りこえ、あるいは破壊し、海沿いの町を飲みこんでしまう

▶ 東日本大震災の津波の高さ

八戸 4.2m以上
宮古 8.5m以上
大船渡 8.0m以上
石巻市鮎川 8.6m以上
相馬 9.3m以上
大洗 4.0m

※観測施設が津波により被害を受けたためデータを入手できない期間があり、後続の波でさらに高くなった可能性がある。
出典：消防庁「東日本大震災記録集」(平成25年[2013]年3月)

19

地域に学ぶ"津波"サバイブ術

津波から身を守るためには、避難する場所を知っておくことが重要だ。
家の近所に海がないとしても、油断は禁物。旅行中に津波にあうかもしれない。
今回は、「南海トラフ」という長い海溝を震源とする地震（南海トラフ地震）のリスクが大きい地域を調査しよう。

今回調査するのは…… 高知県高知市

▲坂本龍馬像が立つ桂浜

今後30年以内に発生する確率が70～80パーセントとされる「南海トラフ巨大地震」。東海から九州地方まで、太平洋沿岸の広い地域が津波の被害にあうと予想されています。なかでも高知市は、最大30メートル超の津波が来るとされる危険な地域です。

▶これまでの南海トラフ地震

西暦	地震名
1361年	正平地震
1498年	明応地震
1605年	慶長地震
1707年	宝永地震
1854年	安政東海地震　安政南海地震
1944年	昭和東南海地震
1946年	昭和南海地震
現在	？？？

約100年から150年に1回は起きているんだ

次に起こるのは明日かもしれない。備えを急ごう！

地域の津波のリスクを学ぼう

地域の中で、津波のリスクが高い場所はどこか。
沿岸部はもちろんだが、それだけではない。
いざというとき安全に逃げられるように、
「ハザードマップ」などで危険な場所を確認しておこう。

ピンク色は10メートル以上、オレンジ色は5メートル以上浸水すると予想される場所だ。沿岸地域はほとんど5メートル以上だね

▶ 高知市津波ハザードマップ〔部分〕

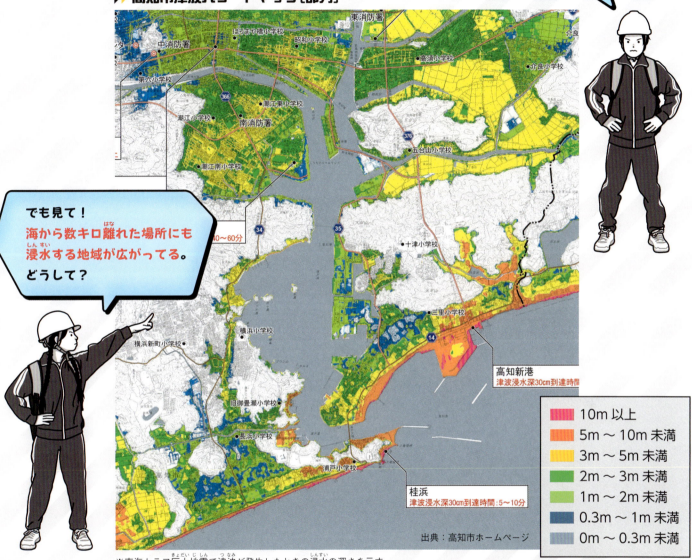

でも見て！
海から数キロ離れた場所にも浸水する地域が広がってる。
どうして？

- 10m 以上
- 5m～10m 未満
- 3m～5m 未満
- 2m～3m 未満
- 1m～2m 未満
- 0.3m～1m 未満
- 0m～0.3m 未満

出典：高知市ホームページ

※南海トラフ巨大地震で津波が発生したときの浸水の深さを示す

説明しよう！
津波は川をさかのぼっていくこともあるから、内陸でも油断できないんだ。
過去の災害では、河口から50キロはなれた場所で被害が出たこともあるんだぞ。

NHK for School
津波のときは川に近づかない

知ってマ！サバイブ！

避難するなら「高い場所」

津波警報が出たら、できるだけ高い場所に避難することが鉄則だ。急いで高台やおかの上、あるいは「避難タワー」や「避難やぐら」のてっぺんをめざそう。間に合わないと思ったら、近くの丈夫な建物の、なるべく高い階に上ろう。

過去の震災から学ぼう

過去に何度も大地震にみまわれた高知市。
1940年代なかばには、市街地が水没する大惨事となったが、
江戸時代には、先人たちが生き残った方法を記録していた。
その教訓を学び、未来の災害に備えよう。

こんなことが
また起きたら
大変だ……

▶ 昭和南海地震後の高知市〔1946年〕

写真提供：高知市

▶ 現在の高知市

1946年12月21日、和歌山県沖でマグニチュード8.0の地震が発生。高知県の沿岸部には4〜6メートルの津波が押し寄せました。高知市内は地盤沈下が起きたこともあり、多くの地域が水没しました。

▶ 江戸時代の南海地震

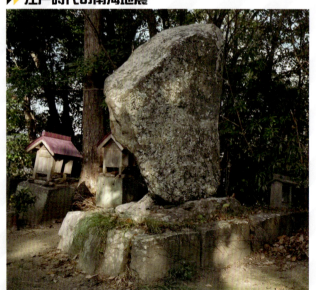

高知市から20キロほど東にある香南市の観音山（海抜28メートル）には、1854年の安政南海地震を記録した石碑があります。この山の上に逃げたおかげで、数百人が助かったと記されています。

昔の人が津波から
命を守るすべを、
今に伝えようと
してくれたんだね

避難訓練をしてみよう

津波からのサバイブは、「高さ」と「時間」の勝負だ。できるだけ高い場所へ、いかに早くたどり着けるか。ある中学校から近くの避難場所までの経路を、防災サバイバー候補生たちと歩いてみよう。時間をはかりながら歩くことが重要だ。

▲中学校に津波が到達するのは地震発生から約40分後と仮定。それまでに直線距離で約500メートルはなれた山の上に避難する

NHK for School
ひなんやぐら

地震発生！
00分00秒

▲すぐ逃げ出したいところだが、地震の最中は動けないはず。3分間は身を守る行動をとろう

03分00秒

ようやく出発。くずれそうながけや建物がないか、確認しながら歩く

10分00秒

実際は土砂やがれきで道がふさがっていたり、車や人で渋滞していたりするかもしれない。**いつもの速さで歩けないと思ったほうがいいぞ！**

13分00秒

▲この地域では4階建て以上の丈夫な建物20軒以上が「津波避難ビル」に指定されている。一時的な避難先としてチェックしておこう

山のふもとに到着。ここから500メートル以上、山道を登らなければならない

28分00秒

もし道がくずれてふさがっていたり迷ったりしたら、間に合わないかもしれないね

海の近くに旅行したときも、自分がいるところの海抜や避難先までの道を確認しておいたほうがいいね

▲山頂に到着！　予想より時間がかかることがわかった

〈命のルート図〉でシミュレーション！
津波の危機、キミならどうする？

津波浸水の予想エリアにいる場合

災害状況	状況	判断・行動	災害状況

大地震発生

下校している
- 家族で決めた高台の避難所に向かう
- 津波が来る！と大声でさけびながら逃げるとほかの人にも伝わるね
- 近くの避難所や津波避難ビルなどに向かう
  - つい家にもどってしまいそうだけど、「津波てんでんこ」だね。津波が来ると思ったら、ほかの人のことは考えずに、それぞれ（てんでばらばらに）逃げようという三陸地方に伝わる教えだよ

自宅や店など建物の中にいる
- 近くの高台や津波避難ビルなどに向かう
  - 自宅には津波の危険がまったくないと前もって確認できているなら自宅にいてもいいね

大津波警報や津波警報などの情報をすぐ確認しよう

砂浜や海岸で遊んでいる
- すぐに高台に向かう

自宅や遊びに行く場所の危険性は「津波ハザードマップ」で確認しておこう！

津波警報発令

※1 この図は、周りに頼れる大人がいない、1人きりの状況を想定して作成しています。
※2 災害時において避難の状況やルートは無数にあるので、選択肢は注意すべき主要なものを取り上げています。
※3 図中の「避難所」はすべて、津波時に利用可能な「指定緊急避難場所」です。

みんなは、1人でいるときに津波の危機に直面した場合、どんな行動をとればよいか自分で考えたり、家族と相談したりしている？
下の「命のルート図」をたどりながら、リアルな災害の状況を想定してみよう！

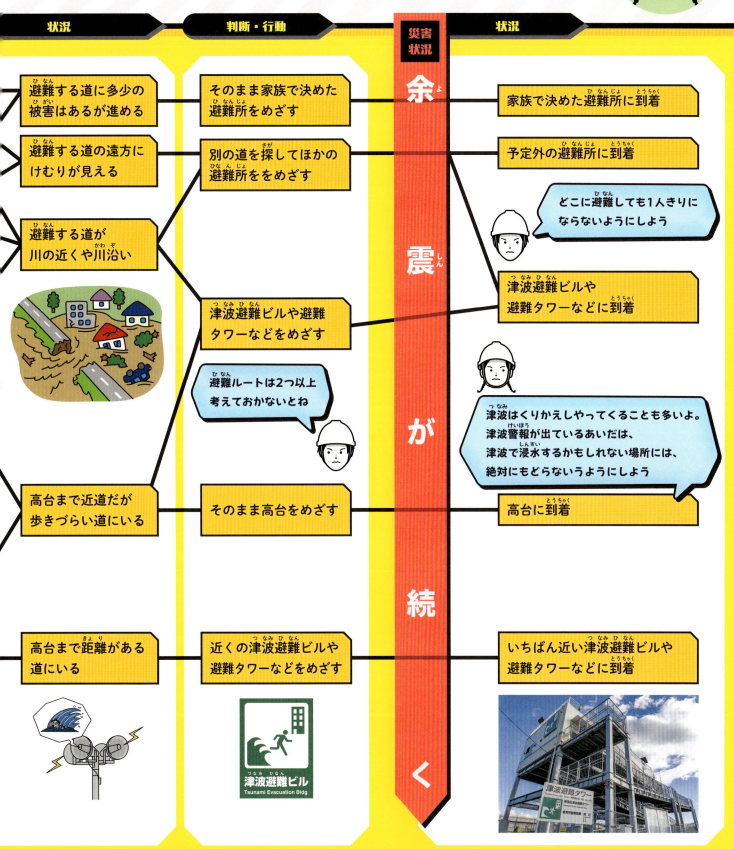

みんなも自分だけの「命のルート図」をつくってみよう。ダウンロードはここから→

備えてサバイブ！ 津波の速さと正常性バイアス

津波の危険があるときは、すぐに高い建物や高台に逃げることが大切です。
では、どのくらいの速さで津波はおそってくるのでしょうか。
実際の速さを知ることで津波への理解をもっと深め、
いざというときに正しく判断できるように備えましょう。

津波の速度

津波の速さは、地震の規模にかかわらず、海の深さで決まります。水深が浅くなるほどおそくなるため、後ろの波が前の波に追いついて、陸に近づくほど高い津波となります。

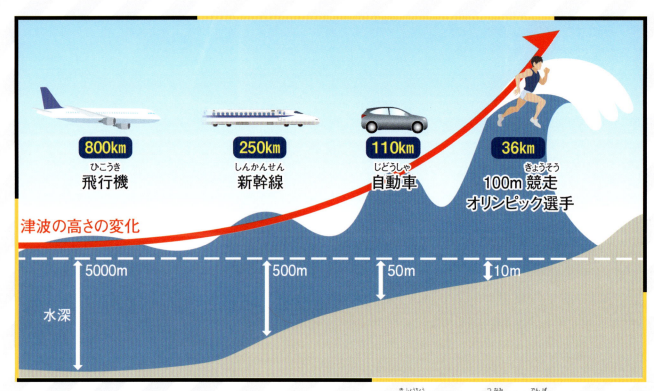

出典：気象庁ホームページ「津波発生と伝播のしくみ」をもとに作成

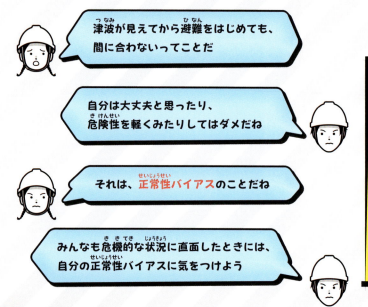

- 津波が見えてから避難をはじめても、間に合わないってことだ
- 自分は大丈夫と思ったり、危険性を軽くみたりしてはダメだね
- それは、**正常性バイアス**のことだね
- みんなも危機的な状況に直面したときには、自分の正常性バイアスに気をつけよう

知ってサバイブ！

正常性バイアスって何？

災害などの危機に直面したとき、「たいしたことはない」と思いこみ、危険性を軽くみてしまうような心の働きのこと。だれにでも起こる心理なので、被災時には「自分にもバイアスがかかっているのでは」と意識しながら行動することが大切。

教えて！先輩サバイバー

ここでは、大災害を知識や知恵で乗りこえた、先輩たちの経験や活躍を紹介するよ！ 昭和南海地震からのサバイバー、高知県で暮らす竹島敬子さんの判断や行動を追ってみよう。

NHK for School
津波の危機！
（前編）より

どんな災害？

1946年12月21日午前4時19分、和歌山県南方沖を震源としたマグニチュード8.0の昭和南海地震が発生。津波が東海から九州まで広い範囲の海岸に来襲し、1,836人が死亡・行方不明になった。とくに高知県沿岸部では4～6メートルの高さに達し、家屋4,846戸が全壊・流失する甚大な被害にみまわれた。

竹島さんの判断

1

①竹島さんが小学1年生のとき、昭和南海地震が発生

2

②冬の朝、まだ暗い中を「逃げなさい！」という言葉を聞いて、必死で近くの山の上まで逃げる

3

③津波が町をおそい、家屋が流失
写真提供：高知市

先輩からのメッセージ

昭和南海地震の体験から、地震といえば津波を心配します。**当時6歳**のわたしは、道で転んでいるおじいさんにも声をかけられず、ただただ必死で逃げた。逃げている途中、転んで手をたくさん切ったけれど、痛くはなかったです。自分の命はだれも守ってくれません。**自分のことは自分で助ける気持ちをもって逃げてください。**

自分のことは、自分で助けましょう

竹島敬子さん

「洪水」とは、大雨や台風、雪どけによって川の水が異常に増え、橋が流されたり町が浸水したりする災害だ。
近年の日本では、毎年のように大きな洪水が起こり、たいへんな被害が出ている。
そこには日本ならではの地形と気候変動が影響しているんだ。

なぜ日本は洪水が多いのか

国土の約7割が山地・丘陵地の日本では、右の図のように世界とくらべて河口からの距離が短く、川の上流から下流までの傾き（勾配）が急な傾向があります。そのため、大雨が降ると大量の水が一気に流れ落ちやすく、洪水が起こりやすくなります。

もともとの日本の地形が関係しているんだね。
雨の量も増えているのかな？

▶ **日本と世界の河川の勾配差**

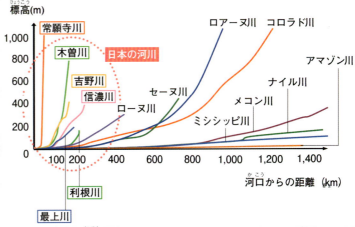

出典：国土交通省「河川データブック2023」

▶ **1時間降水量50mm以上の年間発生回数**

※全国のアメダスによる観測地を1,300地点あたりに換算した値。青線は5年移動平均値。
赤線は長期変化傾向。（出典：気象庁「気候変動監視レポート2023」）

日本各地で観測した「1時間降水量が50ミリリットル以上の大雨の日」は、統計を開始した最初の10年間（1976〜1985年）は年平均で約226回。一方、最近の10年間（2014〜2023年）は333回で、1.5倍ほどに増えています。「雨の量」というより「大雨の日」が増えていることがわかります。

NHK for School
洪水のおそろしさ

たしかに梅雨の季節や真夏はよく大雨警報が出ているね。
最近は「線状降水帯」も増えている気がするんだけど……

知っ又！サバイブ！

「線状降水帯」ってどんなもの？

雨雲（積乱雲）が次々と発達して線や帯のように連なり、同じ場所に数時間にわたり大雨を降らせる。正確な予報がむずかしく、発生すると洪水の危険性が高まる。

NHK for School
線状降水帯ってなに？

29

地域に学ぶ"洪水"サバイブ術

大きな川のある地域では、豊かな水が人びとに多くの恵みを与えてきた歴史がある。
しかし、それはしばしば「洪水との戦い」の歴史でもあった。
過去に何度も洪水がくりかえされてきた地域で、命を守る工夫を調査しよう。

今回調査するのは……雲出川（三重県津市）

三重県津市の三峰山を源流とし、伊勢湾まで流れる川。全長55キロメートル、流域面積550平方キロメートル。津市と松阪市の発展を支えてきた川ですが……。

ヘビのように大きく曲がりくねった雲出川。

ひとたび氾濫すると……。

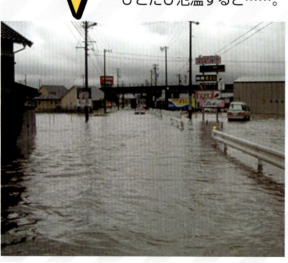

大きな洪水被害をもたらす。

◀雲出川は過去に何度も洪水を起こしている。写真は2004年に起きた台風21号による洪水の様子

写真提供：国土交通省中部地方整備局三重河川国道事務所

「曲がりくねった川はカーブのところで水があふれやすいんだって」

「水の勢いが増すから堤防を乗りこえたり壊したりするんだね」

地域住民の備えを学ぼう

たびたび洪水が起こる雲出川流域では、**住民たちがそれぞれ対策をしている**らしい。雲出川中流に面した須ヶ瀬地区（三重県津市）の住宅を調査してみよう。

▶人口300名ほどの須ヶ瀬地区。雲出川が大きくカーブするあたりに住宅が密集している

建物をかさ上げする

須ヶ瀬地区の住宅の多くは、地面から1メートルぐらい「かさ上げ」されています。洪水が起きて町が浸水しても、家の中になるべく影響が出ないようにするためです。

約1メートル

何度も家の中が水びたしになったから、みんな「かさ上げ」するようになったんだね

▲「AR（拡張現実）災害疑似体験アプリ」を使用した合成画像。想定水深1メートル

1階を解放する

雲出川が急カーブする場所に近い家では、代々、大雨のときに家中の窓や扉を外しているといいます。建物を守るために、あえて家の中に水を通すという昔ながらの知恵が息づいています。

地域の住民は、こうして川と一緒に生きてきたんだね

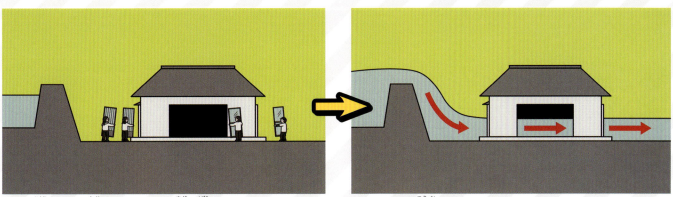

▲水の勢いで家が倒れないように、窓や扉を外し……　　▲あえて水を通過させる

31

避難ルートを歩いてみよう

いざ洪水が起きたとき、安全に避難するためには、前もって避難ルートを確認しておくことが必要だ。この地域の防災サバイバー候補生たちと、須ヶ瀬地区から別の地区の避難所まで歩いてみよう。

▲須ヶ瀬地区の一時避難所に指定されている施設に到着。しかし、看板を見ると「洪水」のところだけに「×」がある

> ここは浸水の危険性が高いんだね。直線距離で1.5キロ先の避難所まで急ごう！

▶次の避難所までの道のわきには用水路が続く。足を踏み外さないように、道の中央を歩く

> こういう場所があるから、地面が水びたしになる前、そして、明るいうちに避難しないとね

◀用水路のほかに道中にはあぜ道もあり、こんな危険な場所もある

◀別の避難所に到着。洪水には「○」がついているので、この施設なら安心。同じ水害でも津波には適していないことがわかる

> 避難は早めに、明るいうちに！やむをえず夜に避難する場合は、近所の2階以上の建物に上がるんだぞ！

各地の洪水対策を学ぼう

雲出川のように、大雨のたびに水かさが増す河川は日本中にある。その水をコントロールすることは、洪水対策の最重要課題だ。各地で行われている対策を学んでおこう。

洪水の多い日本では、昔から川の工事などがたくさん行われているよ

河川敷

大きな川の下流では、川岸と堤防の間に「河川敷」という平らなスペースが設けられています。川から水があふれても、河川敷があれば流れが浅く広くなり、洪水を防げるからです。

NHK for School
河川敷の役割

▲多摩川(東京都)のようす。広い河川敷の公園や広場が、増水しても水が堤防を越えないように守っている

▲現在の荒川は、岩淵水門(東京都北区)から荒川(放水路)と隅田川に分かれ、ともに東京湾に注いでいる

放水路

埼玉県から東京湾に流れ出る荒川(途中から隅田川)は、かつて洪水の多い暴れ川だった。そこで1911年から約20年間かけて人工の川(荒川放水路)がつくられ、大雨のときに荒川の水を流すようになった。幅広い放水路ができてから、隅田川で洪水が起きたことはない。

みんなの地域の対策も調べてみよう!

知って/サバイブ!

都市ならではの洪水って?

山林がなく、アスファルトで地面を固められた都市部では、雨の逃げ場が下水道しかない。大雨のときは、マンホールから水が噴き出したり、道路のアンダーパスが冠水したりする。そうならないように、東京都などでは地下に巨大な放水路を設けている。

アンダーパス

33

洪水のときは ハザードマップを活用せよ！

21ページにも登場した「ハザードマップ」は、自分の住む地域の危険な場所がわかる地図。
避難するときも、訓練のときも、この地図を見ながら行動することがかんじんだ。
ここでは雲出川の下流域の洪水ハザードマップを見てみよう。

NHK for School
ハザードマップ

洪水のときに浸水が予想される場所に色がついている。
避難するときは、色が濃い場所を避けて歩くといいね

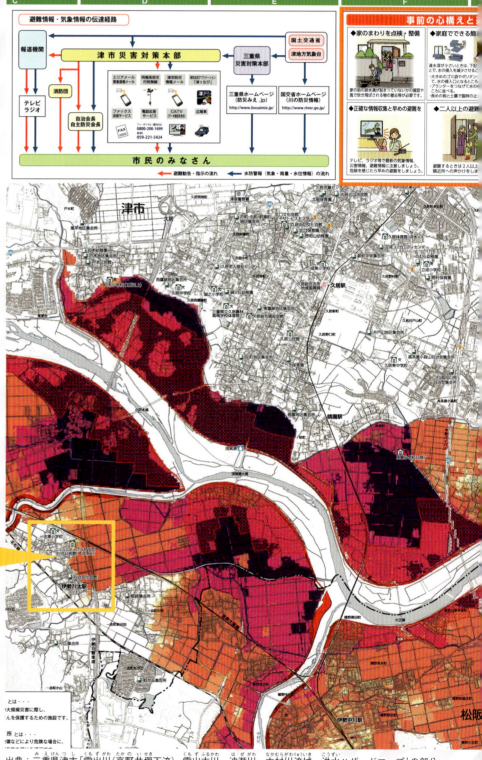

ハザードマップを見れば、避難所の場所と種類がわかります。上2つの建物のマークは「指定避難所」（避難した市民を保護する場所）で、下は「一時避難場所」（一時的に危険を避ける場所）です。

出典：三重県津市「雲出川（高野井堰下流）・雲出古川・波瀬川・中村川流域　洪水ハザードマップ」の部分

ハザードマップには、防災にまつわるさまざまな情報も記されています。必要な防災グッズや避難するときの心構えなどをチェックしておきましょう。

予想される浸水の深さが色でわかるようになっています。色が濃いほど深く浸水する危険な場所です。

地震や津波、噴火などのハザードマップもあるんだって。全部チェックだ！

浸水が深いと予想される地域の避難所には「洪水×」の印があります。また「2階」や「2階以上」など、避難すべき階数も示されています。

ハザードマップはインターネット上に無料で公開されている。今すぐチェックせよ！

35

みんなは洪水が起こったとき、どんな行動をとればよいか、どこに避難するか、自分で考えたり、家族と相談したりしている？ 下の「命のルート図」をたどりながら、リアルな災害の状況を想定してみよう！

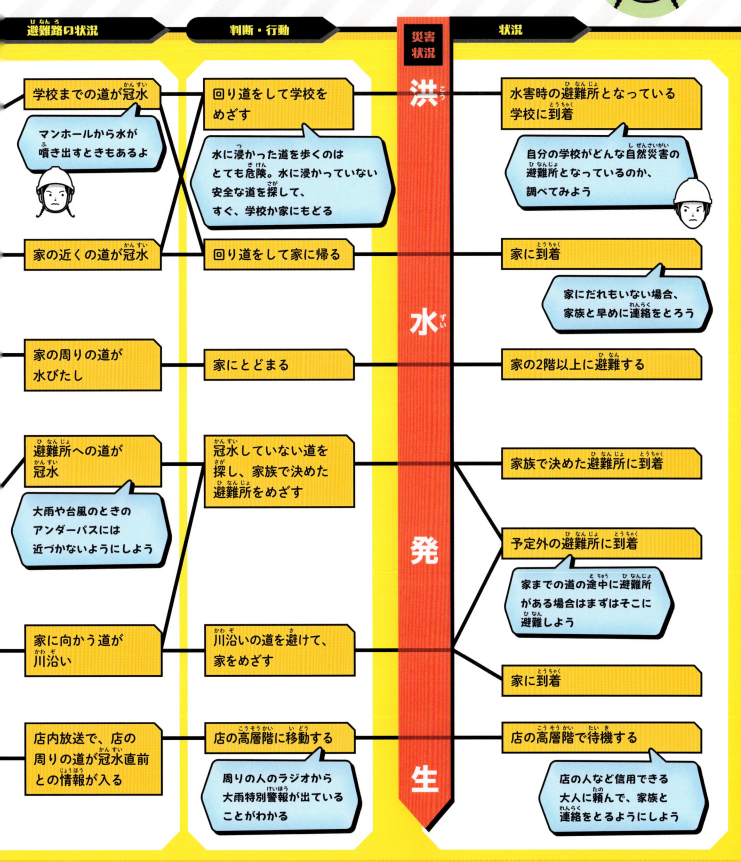

避難路の状況	判断・行動	災害状況	状況
学校までの道が冠水	回り道をして学校をめざす	洪	水害時の避難所となっている学校に到着
マンホールから水が噴き出すときもあるよ	水に浸かった道を歩くのはとても危険。水に浸かっていない安全な道を探して、すぐ、学校か家にもどる		自分の学校がどんな自然災害の避難所となっているのか、調べてみよう
家の近くの道が冠水	回り道をして家に帰る	水	家に到着
			家にだれもいない場合、家族と早めに連絡をとろう
家の周りの道が水びたし	家にとどまる	ずい	家の2階以上に避難する
避難所への道が冠水	冠水していない道を探し、家族で決めた避難所をめざす		家族で決めた避難所に到着
大雨や台風のときのアンダーパスには近づかないようにしよう		発	予定外の避難所に到着
			家までの道の途中に避難所がある場合はまずはそこに避難しよう
家に向かう道が川沿い	川沿いの道を避けて、家をめざす		家に到着
店内放送で、店の周りの道が冠水直前との情報が入る	店の高層階に移動する	生	店の高層階で待機する
	周りの人のラジオから大雨特別警報が出ていることがわかる		店の人など信用できる大人に頼んで、家族と連絡をとるようにしよう

みんなも自分だけの「命のルート図」をつくってみよう。ダウンロードはここから→

37

備えてサバイブ！　身近なものを避難道具に

災害時、ふだん何気なく使っているものが、**発想次第で命を守る道具になる**ことがあります。危険な状況にまきこまれないことがいちばんですが、最悪の事態に備えて、救命道具として使えるものはないかどうか、ふだんから身のまわりを観察し、想定してみましょう。

例①　ビニール傘をどう使う？

冠水した道は、にごった水で路面が見えず歩くのが危険です。その中でどうしても移動しなければいけないときは、家にある傘を利用しましょう。つえのように路面をつきながら歩くことで、ふたが外れたマンホールや側溝を確認することができます。

例②　新聞紙をどう使う？

避難するときは、できる限りの防寒対策をとることが大切です。洪水などの災害で全身がぬれた場合、着替えが足りなかったりすると、体が冷えてしまいます。そんなとき、新聞紙を体に巻いて、腹巻のように体を温める方法があります。

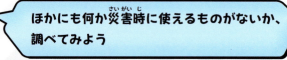

ほかにも何か災害時に使えるものがないか、調べてみよう

家族や友だちと話し合うと、情報が共有できるね

教えて！先輩サバイバー

ここでは、大災害を知識や知恵で乗りこえた、先輩たちの経験や活躍を紹介するよ！ 大洪水からのサバイバー、アメリカのケンタッキー州で暮らす**クロイー・アダムスさん**（当時18歳）の判断や行動を追ってみよう。

どんな災害？

2022年7月末から8月初めにかけて、北米の中東部に位置するケンタッキー州の東部で連日にわたる豪雨のため川の水があふれ大洪水が発生。多くの家屋が流されたり屋根まで浸水したりする被害が多発。

NHK for School
あこがれの先輩サバイバーより

クロイーさんの判断

①自宅に1人でいて、うたたねをしていたクロイーさん。気がつくと周囲が洪水になっていた

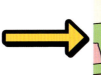

②あっという間に腰の高さまで浸水。愛犬と逃げるため、水に浮くものを探す

③服を入れるプラスチックケースを発見！ 愛犬をその中に入れ、それをうき輪がわりにし、泳いで脱出する

④屋根の上に無事避難し、救助が来るまで数時間そこで待ち続けた

先輩からのメッセージ

集中豪雨のときは家の中に1人だけで、室内は水ですぐにいっぱいになってしまったので、生きのびるためには外に出なければと思いました。どうすれば愛犬と一緒に脱出できるかを考え、犬の安全も確保できる水に浮かぶプラスチックケースを発見しました。**日ごろから、身のまわりのものが防災にどう役立つかを考えることが大切**だと実感しました。

大切なのは、瞬時の判断力！

クロイー・アダムスさん
Chloe Adams

39

約1万年以内に噴火した山や、現在噴煙が上がっている山を「活火山」と呼ぶ。
日本には、その活火山が111もあるんだ。
とくに危険度の高い山は50ほどあり、24時間監視しているんだぞ。
そんな火山大国でサバイブするために、まずは噴火のしくみを説明しよう！

噴火が起きるしくみ

地球の内部には、マントルという高温の厚い岩石の層があります。マントルは、陸地の下に沈みこむプレートの水分で溶けてマグマになります。マグマは、上昇して地表から噴出したり、地下水を熱し水蒸気を爆発的に噴出したりします。このしくみを噴火といいます。

NHK for School
地球内部のしくみ

日本に火山が多いのは、大きなプレートの境目にあるからなんだ！

マグマが移動するときは地震が起こりやすいんだって

▲プレートの水分で溶けたマグマは、地中に集まってマグマだまりをつくる。マグマだまりが高温になったり圧力がかかったりすると、マグマが地表の割れ目に押し上げられ噴火する

噴火災害をもたらすおもな現象

火山灰

▲噴煙にふくまれる火山灰は、農作物の被害や交通障害、健康被害などにつながる。風にのって数百キロ離れた場所まで運ばれることもある

火砕流

▲溶岩とは別に、噴き出した火山灰や岩石、水蒸気などがまじり合って猛スピードで流れ落ちる現象。非常に高温で、通り過ぎた場所はすべて焼き尽くされる
（写真提供：島原市）

火山泥流（土石流）

▲火山灰や岩石が降り積もったところに大雨が降ると、火山泥流が発生しやすい。それは土石流とも呼ばれ、斜面をかけ下り、ふもとの家々を破壊することがある
（写真提供：雲仙砂防管理センター）

地域に学ぶ"噴火"サバイブ術

ふだんはおだやかな姿でも、ひとたび噴火すると大変な被害をもたらす、それが火山の恐ろしさだ。それでも過去の災害を教訓に、人びとは火山とともに生きている。そんな地域の一つ、長崎県の島原半島にスポットを当てよう。

今回調査するのは……雲仙火山（長崎県）

島原半島の中央、20以上の火山が連なる「雲仙」。その火山群の一つである「普賢岳」は記録に残されるようになってから3回噴火している活火山。1990年11月から始まった「平成の大噴火」で新たに溶岩ドームができ、普賢岳山頂の標高を越えたため、「平成新山」と名づけられました。

平成の大噴火

（写真提供：島原市）

1990年11月にはじまった雲仙普賢岳の噴火活動は、95年2月まで4年間以上続きました。とくに大惨事となったのは91年6月3日。火砕流に町が飲みこまれ、43名の死者・行方不明者が出て、179棟の建物が壊されました。のちに大雨が降って土石流も発生し、町はさらに被害を受けました。

NHK for School
雲仙普賢岳って？

「平成の大噴火」の爪あとを調べよう

雲仙普賢岳の南側のふもとに広がる南島原市は、「平成の大噴火」の被害を受けた地域の一つだ。その爪あとは、かつて小学校があった場所で今も見ることができる。

窓が全部壊れている！教室の中はめちゃくちゃだし、鉄棒も曲がってる……

▲旧大野木場小学校の校舎。被災当時のまま保存されている

こんな近くまで火砕流が……。全員無事でよかった！

◀1991年6月3日、火砕流が発生したときの写真。この日は直撃をまぬがれて、生徒や先生たちは全員避難できた。3か月後に再び火砕流が発生し、校舎は熱風によって破壊されてしまった
写真提供：朝日新聞社

キミたち、噴火は終わった話じゃないぞ！今もさまざまな地域で火山は生きている。「噴火警戒レベル」をチェックせよ！

知って サバイブ！

「噴火警戒レベル」ってなに？

気象庁は、火山の危険な範囲や必要な対応を5段階に分けて発表している。レベル1から順に、①活火山であることに留意、②火口周辺規制、③入山規制、④高齢者等避難、⑤避難。住んでいる地域はもちろん、旅行先でも火山のレベルをチェックしよう。

43

「島原大変」について学ぼう

「平成の大噴火」の約200年前も、雲仙普賢岳は大噴火を起こしていた。記録に残る中で、日本最大の噴火災害といわれる「島原大変」だ。どれほどの被害だったのか、先人たちの記録を調べてみよう。

NHK for School
雲仙普賢岳1792年の噴火災害

島原半島には同じような供養塔が45基もあるんだって。大変な被害だったんだね。

▲「島原大変」のときに建てられた供養塔

雲仙普賢岳が日本最大の噴火災害をもたらしたのは1792年。多くの地震が起き、東側の眉山で土砂くずれが起こり、ふもとの集落をおそいました。有明海には津波が起こり、対岸の熊本でも被害が発生。犠牲者は合わせて約1万5,000人にのぼりました。

▶「島原大変」のときの有明海の津波を描いた「肥前温泉災記」。多くの人が流されているようすがわかる（肥前島原松平文庫所蔵）

▼雲仙普賢岳の東側、有明海に点在する島々（九十九島）は、「島原大変」でくずれた眉山の土砂によってできたもの。今では景勝地となっている

大きな噴火は地形も変えてしまうんだね

火山がもたらす恩恵も学ぼう

恐ろしい災害をもたらす火山のふもとには、今も人びとが暮らしている。それは、火山がもたらす恩恵があるからだ。雲仙普賢岳のまわりを調査して、火山の恩恵について学ぼう。

おいしい水

島原半島には、わき水が出る場所がたくさんあります。噴火にともなう地震により地面に割れ目が多くでき、地下水がわき出しました。火山灰でろ過された水は、きれいでおいしく、人びとの暮らしを支えています。

◀島原市の「浜の川湧水」。地域の人びとは昔から生活用水として利用してきた

豊かな土壌

噴火により大量の山の土が流れこみ、火山灰が降り積もったことで、島原半島には栄養豊富で水はけのよい土壌がつくられました。そこで栽培される野菜や果物は、甘くておいしいと評判です。

▶雲仙のふもとに広がる農地。「平成の大噴火」で被害を受けたが、引き続き農業が行われている

温泉

この地域は多くの温泉があることでも有名です。火山のマグマで地下水が温められ、あちこちから温泉としてわき出て、地域に重要な観光資源をもたらしています。

▲温泉がこんこんとわき出る観光名所「雲仙地獄」

キミの住んでいる地域の近くにはどんな火山がある？「噴火ハザードマップ」で調べてみよう！

45

〈命のルート図〉でシミュレーション！
噴火の危機、キミならどうする？

火山が身近な地域の場合

災害状況	状況	判断・行動	災害状況	判断・行動

災害状況：火山が噴火

状況：外出先にいる
※火口から5キロ以上の距離
※大きな噴石や溶岩流などはなく、降灰のおそれがあると発表

判断・行動：
- 近くの建物に避難する
  - 噴火に気づいたら、丈夫な建物の中に入ろう
- すぐに家に向かう

災害状況：降っているのがようやくわかるくらいの火山灰

判断・行動：
- 避難した建物でようすを見る
- マスクで口と鼻をかくそう。持っていなければハンカチなどで押さえよう
- そのまま家をめざす
- メガネやゴーグルを持っていたらすぐに着けよう。火山灰は、とげとげがいっぱいある粒子なので、目や呼吸器を傷つける危険があるよ
- ぼうしや長そでの服もあれば着用しよう。傘もあればさそう

「旅行など出かけた先で火山が噴火する可能性もあるよね。そんなとき、どうすればいいのかな」

「噴火口から遠くて、噴石や溶岩の心配がなくても、火山灰は遠くまで飛ぶから心配だよね。その場合は、気象庁が発信している「降灰予報」が便利だよ」

※1 この図は、周りに頼れる大人がいない、1人きりの状況を想定して作成しています。
※2 災害時において避難の状況やルートは無数にあるので、選択肢は注意すべき主要なものを取り上げています。
※3 図中の「避難所」はすべて、火山噴火時に利用可能な「指定緊急避難場所」です。

みんなは、1人でいるときに火山の噴火に直面した場合、どんな行動をとればよいか、自分で考えたり、家族と相談したりしている？
身近な地域に火山がなくても、旅先で被災することがあるかもしれないよ。
下の「命のルート図」をたどりながら、リアルな災害の状況を想定してみよう！

みんなも自分だけの「命のルート図」をつくってみよう。ダウンロードはここから→

備えてサバイブ！　日本の活火山の分布

日本の活火山は、41ページで宗定凱博士が説明しているように、111あります（2024年8月現在）。
このミッションで取り上げた御嶽山、三宅島、雲仙火山以外にも、富士山を筆頭に、
関東地方の浅間山、九州地方の阿蘇山、桜島、霧島など有名な活火山はたくさんあります。
では、活火山は全国にどのように分布しているのでしょうか。
24時間体制で観測されている50の火山にしぼり、地図で見てみましょう。

日本のおもな活火山の分布

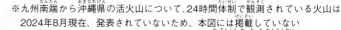

出典；気象庁「『火山監視・警報センター』において火山活動を24時間体制で観測・監視している50火山」をもとに作成

※九州南端から沖縄県の活火山について、24時間体制で観測されている火山は2024年8月現在、発表されていないため、本図には掲載していない
※50火山のうち、本書で取り上げた火山および火山噴火予知連絡会による火山活動の評価で、何らかの活動を指摘された火山のみ、火山名を記した（資料：令和6年2月20日「第153回火山予知連絡会による全国の火山活動の評価」）

近畿、四国、中国地方や沖縄以外、活火山は全国にあるんだね

自分の地域の近くに火山がなくても、大きな噴火があったら、火山灰が飛んでくるかもしれないよね

旅行に行くときも、活火山が近くにあるのか確認したほうが安心だね

教えて！先輩サバイバー

ここでは、大災害を知識や知恵で乗りこえた、先輩たちの経験や活躍を紹介するよ！ ティリー・スミスさん（当時10歳）の判断や行動を追ってみよう。

どんな災害？

NHK for School
あこがれの先輩サバイバーより

2004年12月26日、インドネシア西部スマトラ島北西沖のインド洋を震源とするマグニチュード9.0の地震が発生。その直後にインドネシアをはじめ、タイやマレーシアなど数か国を2〜10メートルの大津波がおそい、死者約22万人、行方不明者7万7,000人、負傷者13万人という大災害に発展した。

ティリーさんの判断

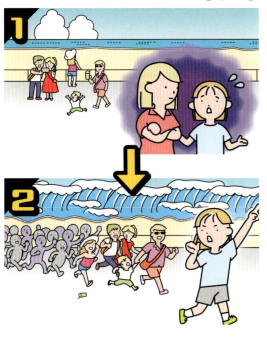

① 家族旅行でタイのプーケットを訪れていたティリーさん。ビーチで妹と遊んでいると、波のようすが地理の授業で習った津波の予兆ににていると気づく

② あわてるようすがない家族を説得し、大声で津波が来ると周囲の人びとに知らせながら、高いところに向かって走る

③ その後、大津波がビーチをおそう
（写真提供：APTN/AP/アフロ）

先輩からのメッセージ

「ビールのような白い泡が立ち、潮が海岸線へと引く現象は津波の前兆」ということを地理の授業で学んだばかりだった私は、すぐに両親に話し、その後、両親が周囲の人やホテルの人に伝えました。災害の危機を感じたら、子どもだからといってためらわずに周囲の人に伝えて、逃げることが大切だと思いました。

大切なのは、想定することと行動力！

ティリー・スミスさん
Tilly Smith

ミッション5
大雪からサバイブせよ！

2020年の大雪

2020年12月14日から21日にかけて、北日本から西日本の日本海側を中心に大雪が発生。新潟、群馬県内の関越自動車道では多数の自動車が立ち往生し、最大で約2,100台の車両が巻きこまれた。自衛隊や警察が除雪作業を行い、解消するのに2日以上を費やした。12月16日から21日の間に除雪中の事故などによる死者は全国で6人、重軽傷者は59人に上った。

出典：内閣府「12月16日からの大雪による被害状況等について」（2020年12月21日現在）／消防庁ホームページ「令和2年12月14日から21日にかけた大雪災害」
写真提供：産経新聞社

新潟県南魚沼市

雪に慣れている地域でもこんな状況になってしまうんだね

2014年の都心の大雪

2014年2月8日、都心で20年ぶりの大雪となり、東京全域に大雪警報が発令された。高速道路は通行止め、新幹線など鉄道は遅延が発生、空の便も欠航が相次いだ。路面凍結による転倒や、スリップする車の事故なども発生し、市民生活に大きな影響をおよぼした。

出典：気象庁「平成26年（2014年）全国災害時気象概況」（2015年3月）
写真提供：産経新聞社

都会での大雪は、何に注意したらいいんだろう？

東京都文京区

キミたちは、雪が好きか？
スキーやスノーボード、雪遊びは楽しいよな。
でも、雪によって人々の生活が妨げられたり、
命が奪われたりすることもある。
そんな雪による災害（雪害）は、
豪雪地帯だけに起きるとは限らないんだ。

豪雪地帯と雪による被害者

日本の「豪雪地帯」と「特別豪雪地帯（積雪によりとくに生活の支障が出る地域）」を地図上に示しています。図からわかるように、じつは日本の国土の半分ぐらいは豪雪地帯。地図中の人数は、2022年度の「雪による死者数」を都道府県別に示したものです。

雪が多かった2022年度は全国で「雪による死者」が60人もいたんだって

豪雪地帯・特別豪雪地帯の範囲と雪による死者数（2022年度）

雪が少ない地域でも亡くなっている！雪害はどこで起きてもおかしくないんだ

- 北海道 20人
- 青森県 10人
- 秋田県 5人
- 山形県 3人
- 新潟県 15人
- 石川県 2人
- 京都府 1人
- 岡山県 1人
- 広島県 1人
- 愛媛県 2人

- 豪雪地帯（全国面積の50.8％）
- 特別豪雪地帯（全国面積の19.8％）

出典：国土交通省「豪雪地帯・特別豪雪地帯の指定」（2024年4月1日現在）
消防庁「今冬の雪による被害状況等」（2022年11月1日〜2023年3月31日）
※死者は交通事故および転倒によるものをふくまない。ただし、除雪作業中のものはふくむ

知ってマ！サバイブ！

都心にも雪害ってあるの？

東京の都心では、雪が数センチ積もるだけで公共交通機関が乱れ、帰宅できない人が駅にあふれかえることがある。凍りついた道で人が転んだり、車のスリップ事故が起きたりもする。雪に慣れていない地域こそ、少しの雪でも被害が出やすい。

地域に学ぶ"大雪"サバイブ術

日本は国土の面積の約半分を豪雪地帯が占める、世界有数の「雪国」といえることがわかった。豪雪地帯の人びとは雪とともに暮らしているが、それでも大雪に苦しめられることがある。毎年、冬に大雪が降る北海道で調査してみよう。

今回調査するのは…… 北海道札幌市

毎年2月に「さっぽろ雪まつり」でにぎわう札幌市は、北海道でいちばん人口の多い都市。人びとは雪に慣れていますが、2022年2月の大雪では、町が大混乱におちいりました。

▲最深積雪は133cm。2014年以来、8年ぶりに1mを超えた。除雪作業が追いつかず、多くの道路で渋滞が発生した（写真提供：毎日新聞社）

2022年2月5日から6日にかけて、札幌市を中心に記録的な大雪が降りました。24時間降雪量60センチは過去最大（1991年3月統計開始以来）。電車やバスは運休し、数十万人の生活に影響が出たとされています。物流も一時ストップし、経済的にもダメージを受けました。

犠牲者はいなかったんだね。よかった！

でも、一歩まちがえれば事故が起きていたかもしれないよ

雪の恐ろしさを学ぼう

2022年冬から2023年3月にかけて、全国では雪によって**900名が負傷し、60名が亡くなった**。この数字には、交通事故や転倒によるものはふくまれていない。
じつは凶器にもなる雪の恐ろしさを、おもな雪害から学んでおこう。

建物の倒壊

こうなる前に屋根から雪を下ろさなくちゃ！

雪は降り積もると下のほうがギュッと固まり、重くなります。古い雪は、5倍もの重さになるといいます。豪雪地帯では、雪の重みで建物がつぶれることもあるのです。

雪下ろし中の事故

屋根から人が落ちても、積もった雪に埋もれちゃったら見つからないよ

「雪による死亡者」の多くは、除雪中の事故が原因。屋根の雪下ろしはとくに危険で、転落したり落雪でけがをしたりする人が後を絶ちません。

車が立ち往生

NHK for School
雪国の苦労
除雪作業

積もった雪で道路がふさがれ、車を動かせなくなることも。吹雪のときなどは、そのまま車が埋まってしまい、出られなくなった人が命を落とす場合もあります。

地域の大雪リスクを歩いて学ぼう

大雪が降ったあとは、**歩き慣れた町にも危険がいっぱい**だ。危険な場所をチェックしながら、いつも通る道を慎重に歩いてみよう。今回は、札幌市の防災サバイバー候補生たちと通学路を調査する。

危険な場所を地図に書きこんで、みんなに教えてあげよう！

つららも落ちそう！

▲今にも雪が落ちそうな屋根を発見。頭に落ちれば大けがになりかねない

自分が気をつけて歩いていても、車がスリップしてつっこんでくることもあるよね。こわいな……

▶交差点には除雪した雪の山がそのままになっている。車道がほぼ見えない

ここで**雪道の歩き方**を説明しよう！
・足を高く上げない。
・小またで歩く。
・重心はつま先近くに。
つまり**ペンギン**みたいな歩き方だ。

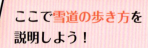

▲踏み固められた雪で路面がツルツル。ここも危険な場所として要チェック

54

地域の大雪対策を調べよう

冬が来るたび雪におおわれる北海道には、雪害の対策や寒さを防ぐための工夫がいろいろある。リスクを避けて快適に暮らすための、雪国ならではの対策を調べてみよう。

大雪にたえる住宅

北海道の多くの住宅は、「へ」の字のように屋根の片側が長く傾斜しています。屋根に積もった雪がねらった場所に落ちるよう設計されているのです。また、寒気を家の中に入れないために、玄関は二重になっています。

> 最近は、屋根に雪をとかす装置をつけた家も増えているんだって

雪をすてる場所

雪かきをしたあと、札幌市などでは道路のわきの「流雪溝」に雪を捨てます。流雪溝の中は水が流れていて、近くの川まで雪を運んでくれます。

> 道路に雪の山があると見通しが悪いし、歩行のじゃまにもなるよね

流雪溝

すべり止め用の砂

坂道の多い地域では、道のわきに砂がつまったふくろの保管庫として「砂箱」が設置されています。凍った雪道に砂をまいて、すべりにくくするためです。地域の中で気づいた人が砂をまき、ほかの人が安全に歩けるようなしくみになっています。

砂箱

NHK for School
北海道の家の工夫
～寒い土地のくらし～

NHK for School
北海道の道路の工夫
～寒い土地のくらし～

> 雪が少ない地域に住むキミも油断は禁物。いつ大雪にあってもいいようにサバイブ術を覚えておけよ！

〈命のルート図〉でシミュレーション！
大雪の危機、キミならどうする？

（大雪が身近な地域の場合）

災害状況：大雪に警戒との予報　雪が降り続く

状況：店など外出先にいる

💬 雪の予報が出ているときや、すでに雪が降っているときに外出する場合は、ぼうしや手袋を持っていこう

災害状況：雪の量が増えてくる

判断・行動：
- 外出先の建物の中にとどまる
  - 💬 建物の中にいると、雪がどれくらい降っているのか、気づかないことが多いから、ときどき外を見て確認しよう
- 外出先からすぐに帰る
  - 💬 天気予報などで大雪の予報を見たら、早めに帰宅したほうが安全だね

💬 豪雪地帯と都心では、「大雪」の基準がちがうよね。でも、ルート図をたどってみると、どんな地域でも「大雪」の予報が出たときは、とるべき行動は同じだとわかるね

💬 「大雪」の警報が出ていたら、建物から出ないことだよね。とくに豪雪地帯でうっかり出歩いて、ホワイトアウトになってしまったら大変だ

※1 この図は、周りに頼れる大人がいない、1人きりの状況を想定して作成しています。
※2 災害時において避難の状況やルートは無数にあるので、選択肢は注意すべき主要なものを取り上げています。

みんなは、1人でいるときに大雪に直面した場合、どんな行動をとればよいか、自分で考えたり、家族と相談したりしている？　豪雪地帯でなくても大雪で事故などの危険性が高まることがあるよ。下の「命のルート図」をたどりながら、リアルな災害の状況を想定してみよう！

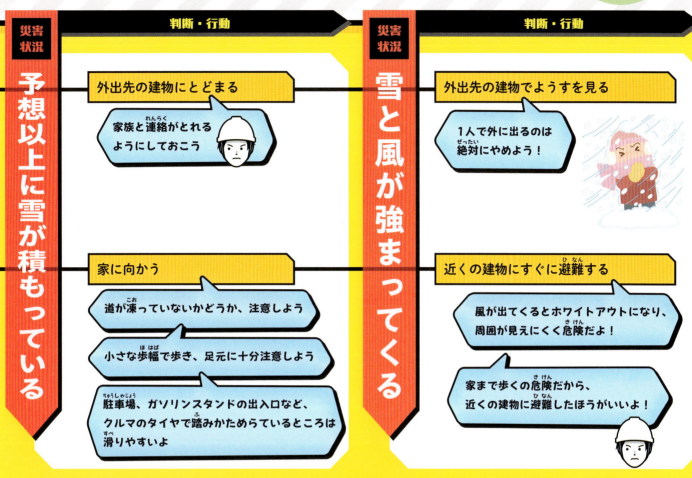

災害状況	判断・行動
予想以上に雪が積もっている	**外出先の建物にとどまる** — 家族と連絡がとれるようにしておこう **家に向かう** — 道が凍っていないかどうか、注意しよう／小さな歩幅で歩き、足元に十分注意しよう／駐車場、ガソリンスタンドの出入口など、クルマのタイヤで踏みかためられているところは滑りやすいよ
雪と風が強まってくる	**外出先の建物でようすを見る** — 1人で外に出るのは絶対にやめよう！ **近くの建物にすぐに避難する** — 風が出てくるとホワイトアウトになり、周囲が見えにくく危険だよ！／家まで歩くの危険だから、近くの建物に避難したほうがいいよ！

ホワイトアウトとは

雪と風によって、視界一面が真っ白になる現象。方向感覚がなくなり、事故などの危険性が高まる。

道路：ホワイトアウトした道路は、どこが道だかわからないね。移動するのは危険だね

雪山：雪山は遭難のおそれがあるよね。スノーボードやスキーなど雪山のレジャーに行くときは注意が必要だね

みんなも自分だけの「命のルート図」をつくってみよう。ダウンロードはここから→

備えてサバイブ！　大雪で車に閉じこめられたら

テレビなどのニュースで、車が大雪で立ち往生しているところを見たことがある人も多いと思います。もし、自分が乗っている車が雪に閉じこめられたとき、どんなことに気をつけたらよいのでしょうか。状況を想定して考えてみましょう。

大雪で車に閉じこめられたら……

雪の日に車に乗るときは、もしものときを考え防寒着やカイロなどを持っていく

一酸化炭素中毒に注意！

車のマフラーに雪がつまると、一酸化炭素中毒のおそれが高まるので、注意する

雪の日は、車が動けなくなったときのために、水やかんたんな食料を用意しておく

車のマフラー部分を雪でふさがないように雪かきをする。スコップを車に用意しておくとよい

大雪注意報や警報をよく見て、大雪の日は車で出かけないほうがいいね

急用で外出しなければいけない場合は、上の注意点を確認して、大雪対策のグッズなどを用意して出かけるべきだね

とくに一酸化炭素中毒は命を落とす危険性があるので、家族と話し合って意識を高めよう！

知ってりサバイブ！

雪害と一酸化炭素中毒の関係

車のエンジンの排ガスには有毒な一酸化炭素がふくまれている。雪で車から出られなくなり、エアコンをつけたままにすると、雪でふさがれたマフラーから出た一酸化炭素は、車の下にたまり、エアコンの外気導入口を伝って車内に入る。一酸化炭素は無色、無臭、無刺激なので気づかないうちに中毒になりやすい。マフラーがふさがらないように十分な注意が必要である。

教えて！先輩サバイバー

ここでは、大災害を知識や知恵で乗りこえた、先輩たちの経験や活躍を紹介するよ！ ハリケーンからのサバイバー、アメリカのフロリダ州で暮らす**イザベラ・ターシターノさん**（当時16歳）の判断や行動を追ってみよう。

どんな災害？

大西洋で発生するハリケーン。フロリダ半島に位置するフロリダ州はそのハリケーンが上陸しやすい場所として知られている。ハリケーンは暴風雨や高潮による洪水を起こし、都市に壊滅的な被害を与える自然災害。台風と異なり予測がむずかしい。

NHK for School
あこがれの先輩サバイバーより

イザベラさんの判断

①初めてのハリケーンを体験。現実とは思えない被害に衝撃を受ける（写真提供：AP／アフロ）

②防災に役立つ情報をみんなに発信したいとの思いでリサーチを開始

気象情報／行政サービス／災害への備え／シェルター情報

③防災ウェブサイトに集めた情報をまとめて発信。その活動が自治体に評価されて、自治体の防災ウェブサイトを任される

先輩からのメッセージ

私は当時高校生でしたが、自治体の防災ウェブサイトのプログラマーを任されました。防災に年齢は関係なく、**みんなが何か行動を起こすことで、地域の人びとはもちろん、世界の人びとを助けることにもつながるかもしれません。**

イザベラ・ターシターノさん
Isabella Tarsitano

大切なのは、情報収集力！

もっと！防災サバイバー

災害大国と呼ばれる私たちの国には、今後、起こりうるといわれている、大きな自然災害がいくつかあります。政府と被災対象とされる地域では、さまざまな被害を想定し、災害リスク情報やハザードマップを作成しています。巨大災害をリアルにイメージするのはむずかしいですが、ここでは、「首都直下地震」「南海トラフ巨大地震」「富士山大噴火」という3つの大きな災害を取り上げ、想像を絶する大災害をどうしたら自分のこととして想定できるのか、考えてみましょう。

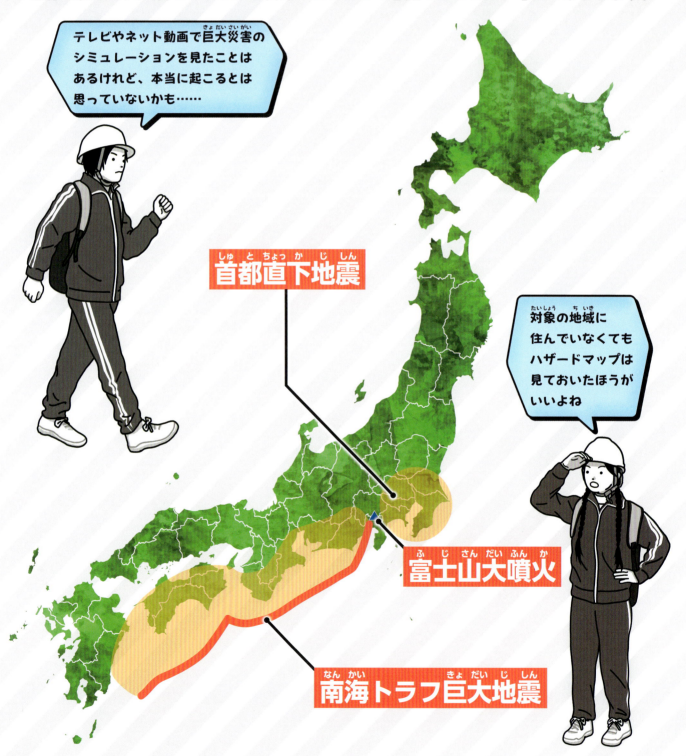

ケース1　首都直下地震を想定してみよう

今後30年以内に、70パーセントの確率で起こるといわれている首都直下地震。内閣府の「中央防災会議」では、下の図のとおり19の震源を想定しています。その中でいちばん大きな被害が想定されているのは「都心南部直下」。その理由や、ほかの震源地の場合、被害状況はどう変わるのかなど、調べたり話し合ったりしてみよう。

「首都直下地震想定マップ」から何がわかる？

出典：中央防災会議「首都直下地震想定パターン」をもとに作成

こんなに震源があるんだ！プレートや活断層など原因もちがうんだね

住んでいる地域や行きたい場所の危険度が気になる。調べてみよう！

🔍 首都直下地震　危険度　[検索]

WEBで検索！

ケース2　南海トラフ巨大地震を想定してみよう

今後30年以内に発生する確率が70〜80パーセントとされている南海トラフ巨大地震。震度7クラスの大規模地震の直後に、最大で数十メートルもの大津波が発生し、甚大な被害を引き起こすと想定されています。おもな被災地域は静岡県(駿河湾)から宮崎県(日向灘沖)にかけての太平洋沿岸。内閣府が作成している「南海トラフ巨大地震の震度分布図」(令和元年6月「南海トラフ巨大地震の被害想定について」より)を見てみましょう。

「南海トラフ巨大地震の震度分布図」から何がわかる？

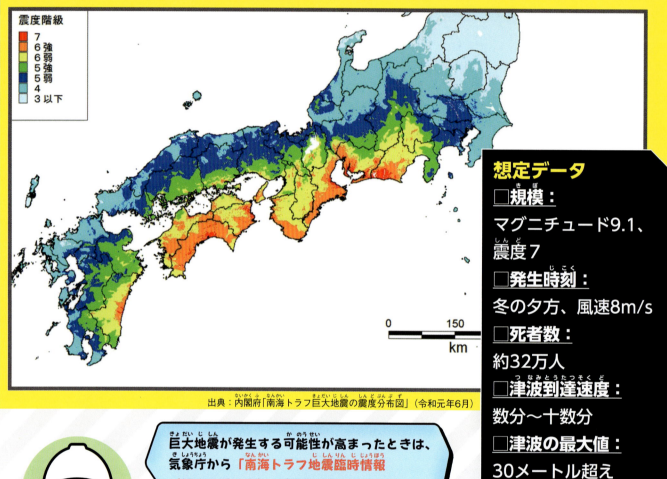

出典：内閣府「南海トラフ巨大地震の震度分布図」（令和元年6月）

想定データ
- 規模：マグニチュード9.1、震度7
- 発生時刻：冬の夕方、風速8m/s
- 死者数：約32万人
- 津波到達速度：数分〜十数分
- 津波の最大値：30メートル超え

巨大地震が発生する可能性が高まったときは、気象庁から「南海トラフ地震臨時情報（巨大地震注意）」が発表されるんだよね

沿岸だけでなく内陸部も強い震度になるかもしれないから、情報は大切だ

地震と津波で大きな災害になるから日ごろの備えが重要だね

🔍 南海トラフ　臨時情報　検索

WEBで検索！

ケース3　富士山大噴火を想定してみよう

いつ噴火してもおかしくないといわれている、日本最大の活火山である富士山。その被害は、富士山を有する静岡県や山梨県だけでなく、周囲の都道府県にもおよぶといわれています。静岡県、山梨県、神奈川県を中心に設置された富士山火山防災対策協議会が作成した「降灰の可能性マップ」を見て、噴火の影響を見てみましょう。

「富士山噴火、降灰の可能性マップ」から何がわかる？

想定データ
- □50cm以上：30％の木造家屋が全壊
- □30cm〜50cm：降雨時、木造家屋が全壊のおそれ
- □10cm〜30cm：降雨時、土石流が発生
- □2cm：何らかの健康被害が発生するおそれ

出典：富士山火山防災対策協議会

千葉県まで火山灰が降って健康被害の可能性もあるのか。どんな対策をすればいいんだろう……

目や呼吸器を痛めやすいので、マスクやゴーグルの用意が必要だね

想定外の災害についても、調べて備えておくことが必要だね

富士山火山防災対策協議会　検索

WEBで検索！

NHK「キミも防災サバイバー！」制作班

（※所属は番組制作当時のものです）

制作統括	山中賢一　橋本太朗
ディレクター	結川真悟　江頭さやか　佐久間航
デスク	淋代壮樹
出演者	岩井勇気（ハライチ）／ワタナベエンターテインメント
キャラクターデザイン	松永千保（スガタデザイン研究所）
アニメーション	スガタデザイン研究所

番組委員

鎌田浩毅（京都大学名誉教授）
齋藤博伸（文部科学省初等中等教育局教科調査官）
野添美和（熊本市立日吉東小学校教諭）
早田　蛍（気象予報士・防災士）
前田昌志（三重大学教育学部附属小学校教諭）

番組協力

墨田区立第一寺島小学校
高知市立潮江中学校
三重大学教育学部附属小学校
島原市立第三中学校
札幌市立澄川西小学校

監修　齋藤博伸（さいとう・ひろのぶ）

文部科学省初等中等教育局教育課程課教科調査官、および、国立教育政策研究所教育課程研究センター研究開発部教育課程調査官。東京学芸大学卒業後、埼玉県の公立教諭を8年間務め、2006年より埼玉大学教育学部附属小学校へ。2016年、同校の副校長に就任。その後、現職。共著に『「生活・総合」の新しい授業づくり　探究的な学びを実現する』（小学館、2023年）など。

「命のルート図」監修　矢守克也（やもり・かつや）

京都大学防災研究所巨大災害研究センター教授。同情報学研究科教授、阿武山地震観測所教授などを兼務。博士（人間科学）。現在、地区防災計画学会会長、災害復興学会会長、災害情報学会副会長、自然災害学会副会長などをつとめる。専門は、防災心理学、社会心理学。『防災心理学入門―豪雨・地震・津波に備える』など、著書多数。開発した防災教育手法やアプリに、「クロスロード」「逃げトレ」など。

本書スタッフ

編集協力	伊藤あゆみ
装丁デザイン	石坂光里（DAI-ART PLANNING）
本文デザイン	村山由紀、天野広和、松林環美（DAI-ART PLANNING）
DTP	センターメディア
キャラクターデザイン	松永千保（スガタデザイン研究所）
イラスト	原　清人
校正	大河原晶子
写真協力	PIXTA　ジャパンアーカイブズ（P17/1.2）
協力	NHKエデュケーショナル

NHK for School
キミも防災サバイバー！
自分で探そう命のルート

2024年11月10日　第1刷発行

編　者	NHK「キミも防災サバイバー！」制作班
	©2024 NHK
監修者	齋藤博伸
発行者	江口貴之
発行所	NHK出版
	〒150-0042　東京都渋谷区宇田川町10-3
	TEL 0570-009-321（問い合わせ）　0570-000-321（注文）
	ホームページ　https://www.nhk-book.co.jp
印　刷	TOPPANクロレ株式会社
製　本	ブックアート

乱丁・落丁本はお取り替えいたします。定価はカバーに表示してあります。
本書の無断複写（コピー、スキャン、デジタル化など）は著作権法上の例外を除き、著作権侵害となります。
Printed in Japan　ISBN 978-4-14-081973-9　C8037

NHK for School とは

ＮＨＫ for School は、おもに小学生や中学生の学びを

動画やデジタル教材でサポートする、

先生と子どものためのお助けウェブサイトです。

ストーリーの力で子どもたちの心をゆさぶる教育番組を、

まるごと視聴することができます。

70以上の番組で計2,000話以上を配信しています。

通年で配信していますので、いつでも、どこでも、

クラスのカリキュラムに合わせてご利用いただけます。

ＮＨＫならではの貴重な映像を豊富にとりそろえ、

学習内容のエッセンスをまとめた短い動画クリップ(数十秒～数分)も

約7,000本を配信しています。

さらに、番組を活用した授業プランや、

授業で使えるワークシートも掲載していますので、

ぜひご活用ください。